The Ultimate Kalimba Song Book

Easy to Play Bollywood Classics for Beginners!

Nalini Arya
Garvit Arya

Copyright © 2022 Nalini Arya & Garvit Arya

All rights reserved

No part of this book may be reproduced, or stored in a retrieval system, or transmitted in any form or by any means, electronic, mechanical, photocopying, recording, or otherwise, without express written permission of the publisher.

For permission requests, write to the publisher, addressed "Attention: Permissions Coordinator," at these email address: garvitarya1994@gmail.com, nalini.arya007@gmail.com

Disclaimer: Although the author has made every effort to ensure that the information in this book is correct, the author do not assume and hereby disclaim any liability to any party for any loss, damage, or disruption caused by errors or omissions, whether such errors or omissions result from negligence, accident, or any other cause.

TABLE OF CONTENTS

Table of Contents

Introduction

Tuning the Kalimba

How to Hold and Pluck it

How to Read the Tabs

Melodies For Beginners
   Karz Theme Music
   Tujhe Dekha Toh Yeh Jaana Sanam (DDLJ)
   Chaar Kadam (PK)
   Likhe Jo Khat Tujhe
   Mere Saamne Wali Khidki
   Tune Mere Jana Kabhi Nahi Jana (Emptiness)
   Lakdi Ki Kathi
   Laila Main Laila (Raees)
   Bachpan Ka Pyaar
   Achutyam Keshavam

Advanced Level Songs
   Gulabi Aankhen

Kal Ho Naa Ho
　Kuch Kuch Hota Hai
　Tum Hi Ho
　Zara Zara Bahekta Hai (RHTDM)
　Kehte Hain Khuda (Raabta)
　Khairiyat Pucho
　Jeena Jeena (Atif Aslam)
　Mere Liye Tum Kaafi Ho (Subh Mangal Zyada Saavdhan)
　Tujh Mein Rab Dikhta Hai
　Channa Mereya (Arijit Singh)
　Humko Humise Chura Lo
　Zara Thehro (Armaan Malik)
　Kaise Hua - Kabir Singh
　Samjhawan (Humpty Sharma Ki Dulhania)

English Iconic Songs

　My Heart Will Go On
　Harry Potter Hedwig's Theme
　Happy Birthday Song
　Game of Thrones (Main Theme)
　Perfect - Ed Sheeran
　Memories - Maroon 5

Epilogue

INTRODUCTION

"Music is the window to Divinity"
– Don't we all agree?

Like a companion it walks with us through the happy and sad phases of life, never leaving or abandoning us for once. Music is that happy shelter where we all seek refuge. So, for all the musicians and lovers of music, especially the Bollywood fans, here we present to you the Kalimba tabs and notes for famous Hindi songs that are easy to learn!

In simple and elaborate ways, we have penned down the Hindi songs Kalimba chords in the number and letter notes format. Thus, if you are a newbie learning to play this melodious instrument or even if you are a pro with some magical skills – you can find both easy and advanced Kalimba tabs and chords of Hindi Bollywood songs that you can play according to your convenience.

For those of you who are wondering what this Kalimba is and how to play it, well we will answer that for you. Originating in Africa, Kalimba is an extremely delightful and mellifluous musical instrument hailing from the lamellaphone family.

With metallic tines and a hollow body, this instrument is quite sacred as it often finds its use in Church choirs and other auspicious ceremonies. The music that a Kalimba emits is very euphonious to the ears and with letters and numbers etched on the tines, playing a Kalimba is really easy and super fun. You can master it in a blink of an eye. Whatever be your age – 5 years or 75 years, learning a Kalimba and playing it fluently is indeed a child's play!

Catering to everyone's likes and choices, we have curated with love and care the easy Kalimba tabs and notes of Hindi songs that you love the most. If you are in the retro mood and want to jam around with your friends and walk down the memory lane, well we have ***Gulabi Aankhen*** Kalimba tabs and chords and ***Likhe jo khat tujhe*** Kalimba notes for starters. But if your mood changes and yearns for some romantic numbers that you want to play for and to your dear beloved, we have Kalimba notes for Hindi romantic songs too like - ***Char Kadam*** Kalimba tabs and chords and ***Raabta*** Kalimba tabs and notes to mention some. And if you want to seek God's blessings and offer your sincere prayers to him, we have Kalimba chords for Hindi devotional songs like ***Achutyam Keshavam*** too. With your mood, taste and vibe we have the Kalimba notes and chords of your favorite Hindi song ready for you. We have also added some English iconic songs from movies like ***Titanic*** and ***Harry Porter*** as addons.

Now harp on your Kalimba and check the Hindi

songs Kalimba tabs and notes and mesmerize everyone around you with your phenomenal performance!!

TUNING THE KALIMBA

As with any other musical instrument you will need to ensure that it's always in tune so you can play it properly. If you bought a new one, or if your kalimba has been sitting around for a while, there is a chance that it will go out of tune. But fear not, the process of tuning the kalimba is very simple. All you will need is a chromatic tuner and a tuning hammer.

If you don't have a tuner already, you can download one for your smartphone, which will allow you to easily know which notes you're playing.

- Popular tuning apps include VITALtuner, Cleartune, and iStrobosoft

- You can purchase a guitar tuner as well that will cost anywhere from Rs. 500 - 2000

Once your tuner is ready, just play the note and lightly tap the metal tine either from the top or bottom to move the tine into the right position. Tapping from the top will cause it to get lower while tapping from the bottom will do the opposite.

Kalimba can go months without re-tuning, and you should always ensure that everything is set-up before you start playing or practicing.

HOW TO HOLD AND PLUCK IT

To hold kalimba properly, you will take it in both hands and hold it with the inner sides of your palms.

Thumbs of both hands will go over and you will use them to pluck the tines.

If your instrument has two holes on the back or a middle hole on the front, do not cover them with your hands or else it will not sound right.

To play, gently push the tine downwards and release to hear the note. Practice a bit flicking the tine with your nail until it resonates and creates a perfect sound.

HOW TO READ THE TABS

If you are a beginner, firstly you must know the usage of standard kalimba tabs or tablature to learn new songs.

Numbers 1 to 7 represent the musical notes (more accurately the scale degrees). They always correspond to the diatonic major scale.

For example, in the key of C, their relationship with the notes and the solfège is as follows:

Solfège	DO	RE	MI	FA	SO	LA	TI
Letter	C	D	E	F	G	A	B
Number	1	2	3	4	5	6	7

Note:
- A dot above a musical note (ex: 1° 2°°) raises it to a higher octave
- Notes in parentheses are played together

Notation Converter:
You can use this web tool to automatically convert

Letter notation to number and vice-versa -
https://codepen.io/Garvit/full/poWVYwY

Sample:

Happy Birthday to you
5 5 (6 1) 5 (1° 3 5) (5 7)
G G (A C) G (C° E G) (G B)

Interpretation:

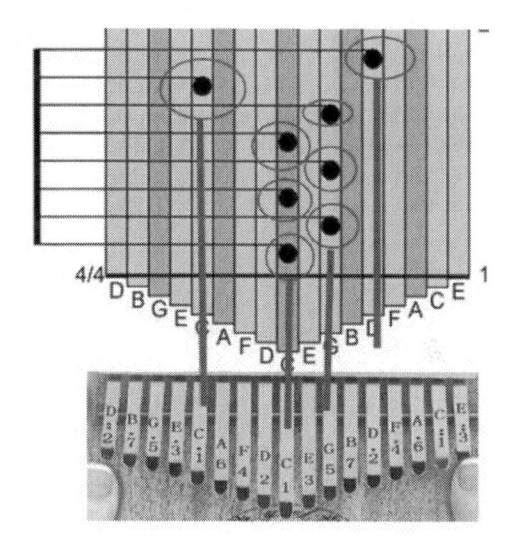

= 1515151°2°

KALIMBA TABS

LETTER & NUMBER NOTES TUTORIAL

MELODIES FOR BEGINNERS

KARZ THEME MUSIC

3° 2° 3° 4°
3° 2° 3° 4°
3° 2° 3° 4° 2°
2° 7 2° 3° 1°
1° 2° 3° 2° 3° 2° 2°

Video Tutorial: Link

TUJHE DEKHA TOH YEH JAANA SANAM (DDLJ)

6 6 3° 2° 3° 1° 2° 4° 3°
6 6 3° 2° 3°
1° 2° 1° 7
6 7 5 6 7 5 6 7 5 1° 7 6

CHAAR KADAM (PK)

3 5 3 6
3 5 3 6
3 5 3 6 5 1 2
5 6 7 1° 1°
7 7
6 6
1° 3
3 5
3 6
5 1 2

LIKHE JO KHAT TUJHE

1°7 6 7 5 6
1°7 6 7 5 6
7 6 5 3 5 4
4 3 2 1 3 2

MERE SAAMNE
WALI KHIDKI

1° 2° 3° 1° 1° 1° 7 6 2° 2°
1° 2° 3° 1° 1° 1° 7 6 1° 1°

5 5 3° 2° 3° 5 4° 4° 3° 4°
6 6 6 (6) 7 1° 2° 3° 1° 1° 1°

1° 2° 3° 1° 1° 1° 7 6 2° 2°
1° 2° 3° 1° 1° 1° 7 6 1° 1°

TUNE MERE JANA KABHI NAHI JANA (EMPTINESS)

C E G E
C E G E
B E G E
B E G E
A C F C
A C F C
G B D B
D E D B
(Repeat 2 times)

LAKDI KI KATHI

C C D E G G E D (3 Times)
C C D E G G
A A A A
G G F F E
E D D C C

LAILA MAIN LAILA (RAEES)

Letter Notation:

ACDEE EFEDD
DED CCCC CDCAA
EEFE DD AD
DDED CC AC
GGDC BBE B BBCBAA

Number Notation:

61°2°3°3° 3°4°3°2°2°
2°3°2° 1°1°1°1° 1°2°1°66
3°3°4°3° 2°2° 6°2°
2°2°3°2° 1°1° 6°1°
1°1°2°1° 773 7 771°766

JAB KOI BAAT
BIGAD JAYE

1° 1° 3°
3° 2° 1° 3°
3° 2° 1° 2° 3° 2° 1° 6
6 1° 2° 3° 2° 1° 6 5 6 1° 1°
1° 1° 1° 3°
3° 2° 1° 3°
3° 2° 1° 2° 3° 2° 1° 6
6 1° 2° 3° 2° 1° 6 5 6 1° 1°

BACHPAN KA PYAAR

5556 62°1°
665 5466
61°64 555

5556 62°1°
556 62°1°
665 5466
61°64 555

ACHUTYAM KESHAVAM

Tabs Summary:

CDEEFE	1° 2° 3° 3° 4° 3°
CBDDED	1° 7 2° 2° 3° 2°
CBAAAD	1° 7 6 6 6 2°
DDECBC	2° 2° 3° 1° 7 1°

Detailed Tablature:

Achyutam keshavam
CDEEFE

Krishna Damodaram
CBDDED

Rama Naraynam
CBAAAD

Janaki Vallabham
DDECBC

Kaun Kehta Hai
CDEEFE

Bhagvan Aate Nahi
CBDDED

Tum Meera Ke Jaise
CBAAAD

Bulate Nahi
DDECBC

Achyutam keshavam
CDEEFE

Krishna Damodaram
CBDDED

Rama Naraynam
CBAAAD

Janaki Vallabham
DDECBC

Kaun Kehta Hai
CDEEFE

Bhagvan Khaate Nahi
CBDDED

Ber Shabri Ke Jaise
CBAAAD

Khilate Nahi
DDECBC

Achyutam keshavam
CDEEFE

Krishna Damodaram
CBDDED

Rama Naraynam
CBAAA D

Janaki Vallabham
DDECBC

Kaun Kehta Hai
CDEEFE

Bhagwan Sote Nahi
CBDDED

Maa Yashoda Ke Jaise
CBAAA D

Sulate nahi
DDECB

ADVANCED LEVEL SONGS

GULABI AANKHEN

Number Notation:

3° 3° 7 1° 1°
1° 7 1° 2° 7
7 6 7 1° 6
6 5# 6 7

3° 3° 7 1° 1°
1° 7 1° 2° 7
7 6 7 1° 6
6 5# 6 7

7 1° 2° 3°
4° 3° 4° 3° 2° 1° 7 1° 2°
3° 2° 3° 2° 1° 7 6 7 1°
2° 1° 2° 1° 7 6 5 6 7

3° 3° 7 1° 1°
1° 7 1° 2° 7
7 6 7 1° 6
6 5# 6 7°

Letter Notation:

E° E° B C° C°
C° B C° D° B
B A B C° A
A G# A B

E° E° B C° C°
C° B C° D° B
B A B C° A
A G# A B

B C° D° E°
F° E° F° E° D° C° B C° D°
E° D° E° D° C° B A B C°
D° C° D° C° B A G A B

E° E° B C° C°
C° B C° D° B
B A B C° A
A G# A B°

Video Tutorial: Link

KAL HO NAA HO

Simplified Version:

1° 7 1° 7 1° 7 1° 3° 2° 1° 7 6 7 6 7
1° 7 1° 7 1° 7 1° 3° 2° 1° 7 6 7 6 7

5 6 1° 6
4 5 6 5
5 6 1° 6
4 6 6 5 4 5

7 1° 3° 2° 1° 7 6 7 1°
7 1° 3° 2° 1° 7 6 7 1° 6 5

5 6 1° 6
4 5 6 5
5 6 1° 6
4 6 6 5 4 5

1° 7 1° 7 1° 7 1° 3° 2° 1° 7 6 7 6 7
1° 7 1° 7 1° 7 1° 3° 2° 1° 7 6 7 6 7

5 6 1° 6
4 5 6 5
5 6 1° 6
4 6 6 5 4 5

Number Notation:

6 1° 5° 6 1° 2° 3°
1° 7 1° 7 1° 7 1°
3° 2° 1° 7 6 7 6 7
1° 7 1° 7 1° 7 1°

3° 2° 1° 7 6 7 6 7
5 6 1° 6 4 5 6 5
5 6 1° 6 4 5 6 5
3° 2° 1° 4° 3° 2° 1° 3° 2° 1° 4°
3° 2° 1° 4° 3° 2° 1° 3° 2° 1° 5° 4°
1° 2° 4° 3° 2° 1° 4° 3° 2°
1° 1° 2° 3° 2° 6 6
1° 2° 4° 3° 2° 1° 4° 3° 2°
1° 1° 2° 3° 2° 6 6
1° 1° 4° 3° 2° 1° 7 6 7 1°
1° 1° 4° 3° 2° 1° 7 6 7 1° 6 5
1° 1° 4° 3° 2° 1° 7 6 7 1°
1° 1° 4° 3° 2° 1° 7 6 7 1° 6 5
5 6 1° 6 4 5 6 5
5 6 1° 6 4 5 6 5

Letter Notation:

A C° G° A C° D° E°
C° B C° B C° B C°
E° D° C° B A B A B
C° B C° B C° B C°
E° D° C° B A B A B

NALINI ARYA

G A C° A F G A G
G A C° A F G A G

E° D° C° F° E° D° C° E° D° C° F°
E° D° C° F° E° D° C° E° D° C° G° F°
C° D° F° E° D° C° F° E° D°
C° C° D° E° D° A A
C° D° F° E° D° C° F° E° D°
C° C° D° E° D° A A
C° C° F° E° D° C° B A B C°
C° C° F° E° D° C° B A B C° A G
C° C° F° E° D° C° B A B C°
C° C° F° E° D° C° B A B C° A G
G A C° A F G A G
G A C° A F G A G

KUCH KUCH HOTA HAI

Number Notation:

3° 4° 5° 6° 5° 4° 2° 3° 4° 5°
3° 4° 5° 6° 5° 4° 2° 3° 4° 5°
1° 5° 3° 5° 1° 5° 3° 5° 1° 5° 3° 5° 1° 5° 3° 5°
3° 3° 2° 1° 1° 3° 3° 3° 2° 1° 1° 3°

2° 2° 1° 7 7 2° 5 2° 1° 2° 1° 1° 1°
3° 3° 2° 1° 1° 3° 3° 3° 2° 1° 1° 3°
2° 2° 1° 7 7 2° 5 2° 1° 2° 1° 1° 1°
1° 1° 2° 3° 6° 5° 1° 1° 2° 3° 6° 6° 5°
2° 3° 2° 1° 7 5 2° 1° 2° 1° 1° 1°
2° 3° 2° 1° 7 5 2° 1° 2° 1° 1° 1°
3° 3° 2° 1° 1° 3° 3° 3° 2° 1° 1° 3°
2° 2° 1° 7 7 2° 5 2° 1° 2° 1° 1° 1°
1° 1° 2° 3° 6° 5° 1° 1° 2° 3° 6° 6° 5°
2° 3° 2° 1° 7 2° 5 2° 1° 2° 1° 1° 1°
1° 5° 3° 5° 1° 5° 3° 5° 1° 5° 3° 5° 1° 5° 3° 5°
1° 5° 3° 5° 1°

Letter Notation:

E° F° G° A° G° F° D° E° F° G°
E° F° G° A° G° F° D° E° F° G°

NALINI ARYA

C° G° E° G° C° G° E° G° C° G° E° G° C° G° E° G°
E° E° D° C° C° E° E° E° D° C° C° E°

D° D° C° B B D° G D° C° D° C° C° C°
E° E° D° C° C° E° E° E° D° C° C° E°
D° D° C° B B D° G D° C° D° C° C° C°
C° C° D° E° A° G° C° C° D° E° A° A° G°
D° E° D° C° B G D° C° D° C° C° C°
D° E° D° C° B G D° C° D° C° C° C°
E° E° D° C° C° E° E° E° D° C° C° E°
D° D° C° B B D° G D° C° D° C° C° C°
C° C° D° E° A° G° C° C° D° E° A° A° G°
D° E° D° C° B D° G D° C° D° C° C° C°
C° G° E° G° C° G° E° G° C° G° E° G° C° G° E° G°
C° G° E° G° C°

28

TUM HI HO

Intro Music:

6 7 1° 6 7 1° 3 4 4 3 4
5 6 7 5 6 7 3 4 4 3 3
4 5 6 4 5 6 3° 3° 2° 2° 1° 2°
7 7 5 5 3° 3° 4° 3°

Song:

Tere Liye Hi Jiya Main
2° 2° 1° 1° 2° 2° 3° 3° 1° 1° 6

Khud Ko Jo Yun
6 6 7 7 2°

De Diya Hai
2° 3° 3° 1° 1° 6

Teri Wafa Ne Mujhko Sambhala
1° 1° 7 1° 7 1° 7 5 5 1° 7

Saare Ghamon Ko Dil Se Nikala
1° 1° 7 1° 1° 2° 1° 7 6 6 1° 7

Tere Saath Mera Hai Naseeb Juda
5 6 6 7 7 6 7 7 4° 4° 3° 3° 2° 3°

Tujhe Paake Adhoora Naa Raha Hmm..
3° 6° 6° 5° 5° 4° 4° 3° 2° 1° 2° 1° 7

Kyunki Tum Hi Ho
1° 2° 3° 1° 2°

Ab Tum Hi Ho
1° 2° 3° 1° 2°

Zindagi Ab Tum Hi Ho..
7 2° 1° 7 6 7 5 6 7 1° 2°

Chain Bhi, Mera Dard Bhi
3° 2° 1° 1° 2° 3° 1° 2°

Meri Aashiqui Ab Tum Hi Ho
7 2° 1° 7 6 7 5 6

ZARA ZARA BAHEKTA HAI (RHTDM)

Number Notation:

Intro:
3 3 3 4 3 2 2 1 7 7 1 2 1 7 6
6 1 2 3 3 3 4 3 2 2 1 7 7 1 2 1 7 6
6 6 1 1 1 1 1 2 2 2 2 2 3 3 3 5 6 7 6 6 5 4
3 3 2 3 4 2 1 7

Song:
7 1 7 1 7 7 1 2 7 1
7 7 1 2 7 1 7 7 3 1 7 1 7 1 7 7 1 2 7 1 7 7 1 2 7 1

6 1 7 7 5 6 6 1 7 5 5 7 6 4 4 5 4 3 7 6
6 1 7 5 5 7 6 4 4 5 4 3 7 6
6 1 2 3 2 3 2 3 2 3 1 7 2 2 2
2 3 1 1 7 1 6 6 2 2 2 7 7 2 3 4 2 3
6 1 2 3 2 3 2 3 2 3 1 7 2 2 2
2 3 1 1 7 1 6 6 2 2 2 7 7 2 3 4 2 3
3 6 6 3 3 7 7 3 3 1 1 7 7 6 6 5 5 6 3
3 6 6 3 3 5 5 2 2 3 4 4 3 2 7 7 1 7

NALINI ARYA

Letter Notation:

Intro:
EEE FED DC B B CD CBA
ACDEEE FED DC B B CD CBA
AACCC CCDDD DDEEEGA B A AGF
E EDEF DCB

Song:
BCBCBBCDBC
BBCDBCBBECBCBCBBCDBCBBCDBC

ACBBG A ACBG GBAF FGFE B A
ACBG GBAF FGFE B A
ACDEDEDEDE CB DDD
DEC CBCA ADD DB BDEFDE
ACDEDEDEDE CB DDD
DEC CBCA ADD DB BDEFDE
EAAE EBBE EC CB BA AGGAE
EAAE EGGD DEF FE DB BCB

KEHTE HAIN KHUDA (RAABTA)

Letter Notation:

G B C B G B C B
G B C B C B D C
A B C B C B D C
G B C B C B D C
A B C B C B D C
A C D C D C E D
A C D C D C E D
D C C B B A A G
G A B A B C D E
E D D C C B D C
A B C B C B D C
A B C B C B D C
A B C B C B D C
A C D C D C E D
A C D C D C E D
D C C B B A A G
G A B A B C D E
E D E D E D E G G
F E
D C

NALINI ARYA

C B C B C B C E E
G A
E D E D E D E G G
F E
D C
C B C B C B C E E
G A
A F E D D E
A F E D D E
D C C B B A A G
G A B A B C D E
E D D C C B D C
A B C B C B D C
A B C B C B D C
E D F E
D B D C

Number Notation:

5 7 1° 7 5 7 1° 7
5 7 1° 7 1° 7 2° 1°
6 7 1° 7 1° 7 2° 1°
5 7 1° 7 1° 7 2° 1°
6 7 1° 7 1° 7 2° 1°
6 1° 2° 1° 2° 1° 3° 2°
6 1° 2° 1° 2° 1° 3° 2°
2° 1° 1 7 7 6 6 5
5 6 7 6 7 1° 2° 3
3° 2° 2° 1° 1° 7 2° 1°
6 7 1° 7 1° 7 2° 1°

6 7 1° 7 1° 7 2° 1°
6 7 1° 7 1° 7 2° 1°
6 1° 2° 1° 2° 1° 3° 2°
6 1° 2° 1° 2° 1° 3° 2°
2° 1° 1 7 7 6 6 5
5 6 7 6 7 1° 2° 3
3° 2° 3° 2° 3° 2° 3° 5° 5°
4° 3°
2° 1°
1° 7 1° 7 1° 7 1° 3° 3°
5 6
3° 2° 3° 2° 3° 2° 3° 5° 5°
4° 3°
2° 1°
1° 7 1° 7 1° 7 1° 3° 3°
5 6
6 4° 3° 2° 2° 3°
6 4° 3° 2° 2° 3°
2° 1° 1 7 7 6 6 5
5 6 7 6 7 1° 2° 3
3° 2° 2° 1° 1° 7 2° 1°
6 7 1° 7 1° 7 2° 1°
6 7 1° 7 1° 7 2° 1°
3° 2° 4° 3°
2° 7 2° 1°

KHAIRIYAT PUCHO

Note: Tune A6 to A#, E° to D# and G to G#

Khairiyat puchho
C° A# C° D# D°

Kabhi to kaifiyat puchho
D° D# D° C° A# C°A# C° D# D°

Tumhaare bin deewane ka
D# D° C° A# A# A# D# D°

Kya haal hai
C° A# G# A# G# C°

Dil mera dekho
C° A# C° D# D°

Na meri haisiyat puchho
D° D# D° C° C°A# C° D# D°

Tere bin ek din jaise
D# D° C° A#4 A4 A#4 D# D°

Sau saal hai
C° A# G# A# G# C°

Tumhaari tasveer ke sahaare

D# D# D° C° D° D# F D# D° C° B° C°

Mausam kai gujaare
C° D° D# F D# D° C° B C°

Mausami na samjho
D# A# G# D# G# G# D#

Par ishq ko humaare
D° C° D° C°D° D° C° B C°

JEENA JEENA
(ATIF ASLAM)

6 1° 2° 1° 2° 1° 3° 2° 1° 1°
6 1° 1° 2° 1° 2° 1° 6 4 5
6 1° 1° 2° 1° 2° 1° 3° 2° 1° 1°
4° 4° 4° 3° 2° 1° 2° 1° 1°

1° 6 5 4 5 5 6 5 6 4 5 5 6
1° 6 5 4 5 6 2 1 2 1 6 4 5
1° 6 5 4 5 5 6 5 6 4 5 5 6
1° 6 5 4 5 6 2 1 2 1 6 4 5
6 6 5 4 3 3 4 5 6
6 6 5 4 3 3 4 4 5 6
6 6 5 4 3 4 5 1° 5 6
6 6 (6 4) (6 4) 2° 1° (6 4) 6 5
6 1° 2° 1° 2° 1° 3° 2° 1° 1°
6 1° 1° 2° 1° 2° 1° 6 4 5
6 1° 1° 2° 1° 2° 1° 3° 2° 1° 1°
4° 4° 4° 3° 2° 1° 2° 1° 1°

PIYU BOLE (PARINEETA)

Letter Notation:

CBD EFE CED GDE
CBD EFE CED BDC
CGF DGF CGF DGF
CG FDEFE
CGF DGF CGF DGF
CG FDEFE
DC CBCD
DEFE
CBCD CBC
CBCD
DEFE
CBCD CBC

Number Notation:

1°72° 3°4°3 1°3°2 5°2°3°
1°72° 3°4°3 1°3°2 72°1°
1°5°4 2°5°4° 1°5°4 2°5°4°
1°5° 4°2°3°4°3°
1°5°4 2°5°4° 1°5°4 2°5°4°
1°5° 4°2°3°4°3°

NALINI ARYA

1°2° 1°7°1°2°
2°3°4°3°
1°7°1°2° 1°71°
1°2° 1°7°1°2°
2°3°4°3°
1°7°1°2° 1°71°

MERE LIYE TUM KAAFI HO (SUBH MANGAL ZYADA SAAVDHAN)

GEAGE DDECDDE GEAGE DDECDDE
F FGD DCD DED
(Repeat Again)

DEDGGGDEDCD (2 Times)

EEFEFEDDEDCD

GGABCCGAGE (2 Times)

CAGAGAEGED
DAGAGD EDC

TUJH MEIN RAB DIKHTA HAI

Number Notation:

71° 1°2° 3°2° 1°2 1°7
(2 Times)

66 75 6 1°7 77 1°1° 66
(2 Times)

3°4° 5°5° 4°3°2°3°
3°4° 5° 4°3°2°3°

3°4° 2°2° 3° 1°1° 7
1°1°1°1° 71°7 65

3°1° 2°1°77 65 41°1°2° 77
(2 Times)

63° 4°3°2°2° 1°7 61° 2° 77

3°1° 2°1°77 65 41°1°2° 77

CHANNA MEREYA (ARIJIT SINGH)

C° D° E° E° E°
E° D° C° B C° A A
A B C° C° C° C°
C° B A G A G G

C° D° E° E° E° G°
E° D° C° B C° A A

A B C° C° C° C°
C° B A G A G G

G A C° C° D° C° A
A C° D° E° F° G° G° G°
F° A° G° F° E° D° D° D°
F° E° D° B C°

B B C° C° C ° B C° C°
G G A A A G A A
E E F F F, F A C° A G G

B B C° C° C° B C° C°
G G A A A G A A
E E F F F, F A C° A G G

HUMKO HUMISE CHURA LO

3° 2° 1° 7 1° 3° 2° 3° 2° 1° 6 1° 7
6 7 1° 2° 3° 2° 3° 4° 3°
3° 2° 3° 2° 1° 7 1° 5 6
6 5° 3° 5 6 5° 3° 5 6 5° 3° 5 6 5° 3° 5 6
3° 2° 3° 2° 1° 2° 7 5 2° 1° 2° 1° 7 1° 6

5 3° 2° 3° 2° 1° 2° 7 5 2° 1° 2° 1° 7 1° 6
1° 7 7 6 7 6 6 5 1° 7 7 6 7 6 6 5
3 3 1° 1° 1° 1° 2° 3° 7 6
5 3° 2° 3° 2° 1° 2° 7 5 2° 1° 2° 1° 7 1° 6
1° 7 7 6 7 6 6 5 1° 7 7 6 7 6 6 5
3 3 1° 1° 1° 1° 2° 3° 7 6
3° 2° 1° 7 1° 2° 1° 7 6 1° 7
1° 7 6 5 7 6 2° 1° 7 6 7
7 1° 2° 3° 2° 3° 2° 1° 2° 7 1° 2° 2° 3° 2° 1° 2°
6 7 1° 2° 1° 2° 1° 7 1° 6 7 1° 1° 2° 1° 7 1°
3° 4° 5° 2° 4° 3° 3° 2° 1° 2° 7 6 5 6
3 3 1° 1° 1° 1° 2° 3° 7 6
5 3° 2° 3° 2° 1° 2° 7 5 2° 1° 2° 1° 7 1° 6
5 3° 2° 3° 2° 1° 2° 7 5 2° 1° 2° 1° 7 1° 6
1° 7 7 6 7 6 6 5 1° 7 7 6 7 6 6 5
3 3 1° 1° 1° 1° 2° 3° 7 6

ZARA THEHRO (ARMAAN MALIK)

Number Notation:

6°6° 5°4°4° 5°6° 4°3°3° 4°3°1°62
6°6° 5°4°4° 5°5° 4°3°3° 4°3°1°62
61° 3°3°3° 3°4° 2°2°2°
61° 3°3°3° 3°4°
61° 3°3°3° 3°4° 2°2°2° 2°4° 2°4° 4°2°4°5°
6°6° 5°4°4° 5°6° 4°3°3° 4°3°1°62
6°6° 5°4°4° 5°5° 4°3°3° 4°3°1°62

4°5°6°5°4°5°4°3°4°3°2°1°2°1°2°1°61°1°2°
4°5°6°5°4°5°4°3°4°3°2°1°2°1°2°1°61°1°2°

61° 3°3°3° 3°4° 2°2°2°
61° 3°3°3° 3°4°
61° 3°3°3° 3°4° 2°2°2° 2°4° 2°4° 4°2°4°5°
6°6° 5°4°4° 5°6° 4°3°3° 4°3°1°62
6°6° 5°4°4° 5°5° 4°3°3° 4°3°1°62

Letter Notation:

AA GFF GA FEE FECAD

AA GFF GG FEE FECAD
AC EEE EF DDD
AC EEE EF
AC EEE EF DDD DF DF FDFG
AA GFF GA FEE FECAD
AA GFF GG FEE FECAD

FGAGFGFEFEDEDCDCACCD
FGAGFGFEFEDEDCDCACCD

AC EEE EF DDD
AC EEE EF
AC EEE EF DDD DF DF FDFG
AA GFF GA FEE FECAD
AA GFF GG FEE FECAD

KAISE HUA - KABIR SINGH

1° 6 1° 6 1° 6 1° 6 1° 6 1° (2 Times)

7 6 5 5 5

1° 6 1° 6 1° 6 1° 6 1° 6 1° (2 Times)

7 6 5 5

6 7 1° 6 1° 7 6 5
6 7 1° 6 6 6 7 1° 6
6 7 1° 3° 2°
5° 5° 5° 3° 2° 5° 5° 6° 2°

1° 1° 2° 1° 2° 1° 2° 3° 4° 3° 2° 1° 1° 7 5
5° 5° 5° 3° 2° 5° 5° 6° 2°
1° 1° 2° 1° 2° 1° 2° 3° 4° 3° 2° 1° 1° 7 5

SAMJHAWAN (HUMPTY SHARMA KI DULHANIA)

Number Notation:

7 1°2°1°
7 1°2°3°4°3°2°1°7°1°2°1°
1°2°1°7561° 1°2°1° 1°2°1
1°2°1°7561° 1°2°1° 1°2°1
1°2°1°7561° 1°2°1° 1°2°1
1°2°1°7561° 1°2°1° 1°2°1
5°3°5°3°1°2° 2°3°3°1°1°
5°3°5°3°1°2° 2°3°3°1°1°
5°3°5°3°1°2° 2°3°3°1°1°
5°3°5°3°1°2° 2°3°3°1°1°
3°5°3°5°6°6° 6°7°6°5°
5°5°3°1°7°6° 6°6°7°6°5°
5°5°71°2°1°
6°5°4°5°
5°3°5°3°1°2° 3°3°1°1°

Letter Notation:

BCDE

BCDEFEDCBCDC
CDCBGAC CDC CDC
CDCBGAC CDC CDC
CDCBGAC CDC CDC
CDCBGAC CDC CDC
GEGECD DEECC
GEGECD DEECC
GEGECD DEECC
GEGECD DEECC
EGEGAA ABAG
GGECBA AABAG
GGBCDC
AGFG
GEGECD EECC

ENGLISH ICONIC SONGS

MY HEART WILL GO ON

Letter Notation:

C° D° E°
D° C° D° G° F° E° C° A G

C° C° C° C° B C°
C° B C° D° E° D°
C° C° C° C° B C° C° G

C° C° C° C° B C°
C° B C° D° E° D°

C° C° C° C° B C° C° G
A B G C° F° E° B
E° F° C° D° C° B C° B A G
A B G C° F° E° B
E° F° C° D° C° B C° D° A B C°

Number Notation:

1° 2° 3°
2° 1° 2° 5° 4° 3° 1° 6 5

1° 1° 1° 1° 7 1°
1° 7 1° 2° 3° 2°

NALINI ARYA

1° 1° 1° 1° 7 1° 1° 5

1° 1° 1° 1° 7 1°
1° 7 1° 2° 3° 2°

1° 1° 1° 1° 7 1° 1° 5
6 7 5 1° 4° 3° 7
3° 4° 1° 2° 1° 7 1° 7 6 5
6 7 5 1° 4° 3° 7
3° 4° 1° 2° 1° 7 1° 2° 6 7 1°

HARRY POTTER HEDWIG'S THEME

3 (6 1) 1 7 (6 1) 3° (4 2°) (5 7)
(6 1) 1° 7 (2 5) (6 1) (1 3)
3 (6 1) 1° 7 (6 1) 3° (5° 5) 4° (4 4°)
1° (6 4°) 3° (4 2°) 2 1° (6 1)
1° (3° 3) 1° (3° 5) 1° (6 4°) 3 (4 2°)

7 (1° 1) 3° (4 2°) 2 1° (6 1°)
1° (3° 3) 1° (3° 5) 1° (5° 5) 4° (6 4°)
(1° 1) 4° 3° (4 2°) 2 1° (6 1)

Simplified:

3 6 1° 7 6 3° 2° 7 6 1° 7 6 7 3 3
3 6 1° 7 6 3° 5° 5° 4° 2° 4° 3° 3° 3° 1°
6 1 3 1 3 1 4 3 3 7 1 3 3 3 3
3° 1° 3° 1° 3° 1°° 5° 5° 4° 2° 4° 3° 3° 3° 1°
6

DORAEMON OPENING SONG

G C C E A E G G A G E F E D A
D D F B B A G G F E A B C D G
C C E A E G G A G E F E D A D
D F B B A G F F E B D C A A G
F G A G D E G D G A G F D B A
G A G F G A E D C

HAPPY BIRTHDAY SONG

5 5 (6 1) 5 (1° 3 5) (5 7)
5 5 (6 1) 5 (2 2°) (1° 1 3 5)
5 5 (5° 1) (3° 3) 1° 1° 7 6
4° 4° (3° 1) 1° (2° 2) (1° 1 3 5)

GAME OF THRONES (MAIN THEME)

3° 6 1° 2° 3° 6 1° 2° 7
3 5 6 7 / 3 5 6 7 / 3 5 6 7
2° 5 1° 7 2° 5 1° 7 6
3 4 5 6 / 3 4 5 6 / 3 4 5 6

3° 6 1° 2° 3° 6 / 1° 2° 3° 6 / 1° 2° 3° 6 / 1° 2° 7
3 5 6 7 / 3 5 6 7 / 3 5 6 7
2° 5 1° 7 2° 5 / 1° 7 2° 5 / 1° 7 2° 5 / 1° 7 6
3 4 5 6 / 3 4 5 6 / 3 4 5 6

3° 6 1° 2° 3° 6 1° 2° 7
3 5 6 7 / 3 5 6 7 / 3 5 6 7
2° 5 7 1° 7 5 6
3 4 5 6 / 3 4 5 6 / 3 4 5 6

PERFECT - ED SHEERAN

5 6 1° 1°
3° 2° 1° 3°
2° 3° 3° 1°
1° 2° 3° 2°
3° 2° 1° 3°

5° 3° 2° 1°
1° 2° 3° 4°
4° 3° 3° 2°
1° 2° 3° 2°
5° 5° 5°
6° 3° 2°

3° 3° 3° 3° 2° 1° 3° 3° 3°
3° 2° 1° 4° 3° 2° 1°
5 3° 4° 3° 2°
3° 2° 1° 3° 3° 3°
3° 2° 1° 3° 3° 3°
3° 2° 1° 4° 3° 2° 1°
5 3° 4° 3° 2°
3° 2° 1° 1°° 7° 6° 7° 3°
5° 4° 3° 4° 3°
1°° 7° 6° 7° 3° 5° 5° 5° 5°

NALINI ARYA

6° 3° 2° 1°
3° 5° 1° ° 7° 6° 7° 3°
1° 2° 3° 5°
4° 3° 4° 3°
2° 4° 3° 1° 2° 3° 2° 2° 1° 7 1°

MEMORIES - MAROON 5

Chorus:

5° 3° 4° 5° 3° 4° 5° 3° 1° 2° 3° 1° 2° 3°
2° 1° 6 6 6 6 5 6 5 5
6 6 6 6 1° 7

5° 3° 4° 5° 3° 4° 5° 3° 1° 2° 3° 1° 2° 3°
2° 1° 6 6 6 6 5 6 5 5
6 6 6 6 1° 7 7 7 7 1° 1°

Stanza:

1° 2° 3° 5° 5° 3° 6° 3° 2° 3° 4° 4° 4° 3° 1°
2° 3° 4° 4° 4° 4° 3° 2° 1° 1° 1° 1° 3° 1° 2°
1° 2° 3° 5° 5° 3° 6° 3° 2° 3° 4° 5° 4° 3° 1°
2° 3° 4° 4° 4° 4° 3° 2° 1° 1° 1° 1° 3° 4° 2°

Pre-Chorus:

1° 1° 1° 1° 3° 1° 1° 1° 1° 1° 3° 1° 7 7 1°
1° 1° 1° 1° 3° 1° 1° 1° 1° 1° 5° 1° 7 7 1°

Chorus:

5° 3° 2° 2° 3° 2° 1°

NALINI ARYA

5° 3° 2° 2° 3° 2° 1°
5° 3° 2° 2° 3° 2° 1° 1° 1° 1° 5° 1° 7 7 7 1° 1°

EPILOGUE

Kalimba is one of the simplest instruments to learn. You won't need to spend hours and hours on practice, nor will you have to spend a fortune on training. All you need to do is get a kalimba that is perfect for you and start practicing.

Since the instrument is rather simple with no electronic complexity involved, you will be able to learn a few songs in a couple of hours!! From there on, you can continue improving, and start learning more difficult and complex songs.

Naturally, if you aim to become a master of the instrument, you will need to dedicate yourself and practice daily to reach this goal.

Kalimba is a great starting point for beginner musicians, as well as an exciting instrument for more experienced players.

We hope you found this book useful and are able to play some melodies by now.

You can view tutorial videos for some of the songs on this Instagram handle - https://

www.instagram.com/garvitarya/

KEEP CALM AND PLAY KALIMBA ;)

Printed in Great Britain
by Amazon